A. DRY
(COLONEL FLEURY)

LES MONUMENTS FRANÇAIS

DU

CENTENAIRE DE 1812

ET LES

Cérémonies de Borodino et de Moscou

AVEC LES DISCOURS PRONONCÉS A SCHWARDINO LE 8 SEPTEMBRE 1912

Une gravure hors texte

LIBRAIRIE MILITAIRE BERGER-LEVRAULT

PARIS | NANCY
Rue des Beaux-Arts, 5-7 | Rue des Glacis, 18

1912

Prix : Un franc

LES MONUMENTS FRANÇAIS

DU

CENTENAIRE DE 1812

ET LES CÉRÉMONIES DE BORODINO

ET DE MOSCOU

DU MÊME AUTEUR :

HISTOIRE

Reims en 1814 pendant l'Invasion. Grand in-8 avec vingt gravures hors texte et trois cartes. Préface de M. Henry HOUSSAYE, de l'Académie française. Librairie Plon. 1902.
<small>(Ouvrage honoré d'une souscription du ministère de la Guerre.)</small>

Soldats Ambassadeurs sous le Directoire (an IV-an VIII). Deux gros volumes in-8 avec sept gravures.
   I. *Les généraux et la Révolution. Traditions et diplomates du Directoire. Le général Pérignon et l'amiral Truguet à Madrid. Aubert-Dubayet à Constantinople.*
  II. *La Mission de Clarke en Italie. Canclaux et Lacombe Saint-Michel à Naples. Bernadotte à Vienne.* Librairie Plon. 1906.
<small>(Ouvrage honoré d'une souscription du ministère de la Guerre.)</small>

Historique du 2ᵉ régiment de dragons. Avec quatre croquis. In-24. Librairie Lavauzelle. 1909.

Soldats Académiciens. In-8. Librairie Berger-Levrault. 1911.

VOYAGES

Vers l'Occident. *Nord du Maroc, Andalousie, Lisbonne.* In-16. Librairie Plon. 1899.

Trinacria. *Promenades et impressions siciliennes.* In-16. Librairie Plon. 1903.

DIVERS

L'Orient en 1897. In-8. Bordeaux. 1898.

Le Maroc contemporain. In-8. Bordeaux. 1900.

Du rôle de l'armée dans la lutte contre l'alcoolisme. In-8. Lyon. 1908.

Rimes nomades. In-16. Librairie Émile Paul.

A. DRY
(COLONEL FLEURY)

LES MONUMENTS FRANÇAIS
DU
CENTENAIRE DE 1812

ET LES

Cérémonies de Borodino et de Moscou

AVEC LES DISCOURS PRONONCÉS A SCHWARDINO LE 8 SEPTEMBRE 1912

Une gravure hors texte

LIBRAIRIE MILITAIRE BERGER-LEVRAULT

PARIS | NANCY
Rue des Beaux-Arts, 5-7 | Rue des Glacis, 18

1912

(Extrait de la *Revue de Cavalerie*)

MAQUETTE DU MONUMENT EN L'HONNEUR DES MORTS DE LA GRANDE ARMÉE INAUGURÉ LE 8 SEPTEMBRE 1912, PRÈS DE LA REDOUTE DE SCHWARDINO

LES MONUMENTS FRANÇAIS

DU

CENTENAIRE DE 1812

ET LES CÉRÉMONIES DE BORODINO

ET DE MOSCOU

Certes, quand à l'une des séances du Comité du *Souvenir français*, l'année dernière, fut envisagée l'opportunité d'élever des monuments en Russie, à l'occasion du centenaire de la campagne de 1812, nous ne nous faisions pas illusion sur la difficulté de la tâche.

Réunir des fonds suffisants, dans un pays comme le nôtre, ne constitue qu'une petite partie de toute œuvre entreprise et ce n'était pas de ce côté que nous avions des inquiétudes. Avant tout, pour réussir, il fallait être compris et soutenu.

Notre but n'était d'ailleurs pas de célébrer, en terre étrangère, la victoire tactique de la Moskowa. Cette victoire a coûté, hélas, bien des larmes, et a été trop tôt suivie de cruelles journées. Ce que nous voulions surtout, c'était honorer les tombes de nos héros, de ces milliers de héros qui reposent là-bas, un peu partout, à Wilna, à Smolensk, aux bords de la Bérésina, comme dans les champs de Borodino ou au cimetière de Moscou.

Grâce à Dieu, voici l'œuvre amorcée et bien amorcée. Les fonds recueillis, — plus de 60.000 francs — vont nous permettre, une fois le monument de Borodino terminé, de songer aux autres stèles que nous voulons ériger. Dans un avenir assez prochain, espérons-le, le voyageur qui parcourra les champs de bataille de 1812, trouvera la preuve du souvenir attendri que la France a su garder pour les chefs et soldats de sa *Grande Armée*.

D'une façon générale, et malgré quelques oppositions isolées assez inattendues et peu compréhensibles, nous avons été soutenus dès le début par de très hautes personnalités de tous les milieux et de tous les mondes, et je me hâte de dire que nous avons reçu spécialement du Gouvernement et du monde officiel les plus grands encouragements. Nous tenions du reste à ce qu'aucun caractère politique ne pût être invoqué contre notre œuvre, et certains de nos souscripteurs ont même trouvé, paraît-il, qu'un éclectisme trop grand avait présidé à la formation de nos comités. Cet éclectisme voulu, nous le revendiquons hautement. Il s'agissait de monuments à élever à l'étranger. Or, à l'étranger, toutes les mesquineries de la politique journalière doivent disparaître. Et dans le cas particulier que nous envisagions, tous les bons Français, sans distinction d'opinion, ne devaient-ils pas marcher avec nous?

Le *Souvenir français*, dès le premier jour, avait fait appel à la *Sabretache*, cette autre vaillante société, toujours prête à soutenir les initiatives patriotiques et désintéressées. Notre idée fut acceptée d'enthousiasme à la *Sabretache*, et c'est dans l'atelier d'Édouard Detaille, le grand artiste évocateur de l'Épopée, que nous nous réunîmes pour la première fois, l'hiver dernier, sous la présidence du général Poulléau, président du *Souvenir français* (1).

**

---

(1) Rappelons ici la composition du Comité d'action :
Le général Poulléau, président; M. Édouard Detaille, de l'Institut, le marquis de Reverseaux, ancien ambassadeur, et le colonel vicomte Fleury, vice-présidents; M. Niessen, secrétaire général; M. Depréaux, secrétaire; le commandant Baude, trésorier. Membres : le baron de Baye, M. Bœswilwald, architecte du monument, le comte de Brücher, M. A. Brun, le colonel Chéré, du 110e d'infanterie, le capitaine Guébin, M. J. Harmand, ancien ambassadeur, le prince de la Moskowa, le commandant Emm. Martin, M. Ternaux-Compans. Tous ces membres appartenaient au *Souvenir français* ou à la *Sabretache*. Le commandant Wehrlin représentait en outre le ministre de la Guerre.
Dans le courant de l'hiver, un comité d'honneur fut également formé. Sa composition était la suivante, à la date du 7 septembre. Présidents : S. A. I. le prince Alexandre Romanowsky, duc de Leuchtenberg, M. Loubet, ancien Président de la République, M. Ribot, de l'Académie Française, sénateur. Membres : MM. le général Appert, le duc d'Auerstædt, le général de Boisdeffre, le général Brugère, le commandant Sadi Carnot, le duc d'Elchingen, l'amiral Fournier, M. Fournier Sarlovèze, l'amiral Gervais, M. Hanotaux, de l'Académie Française, le général de Lacroix le comte de

Ce que furent nos efforts depuis un an, il est inutile de le relater ici en détail : choix et forme du monument, désignation des artistes, emplacement, achat du terrain, négociations délicates en Russie, appels à la générosité du public, frappe d'une médaille, toutes ces questions furent agitées et résolues dans de nombreuses séances. Tous, nous voulions réussir, tous, nous espérions que pour le 7 septembre, notre monument de Borodino pourrait, à côté des monuments russes, se dresser fièrement sur le champ de bataille. Des retards inévitables s'étant produits, dès le mois de juin nous avions cependant l'impression très nette que le temps allait nous manquer. Aussi, avions-nous chargé le Comité local qui s'était formé à Moscou (1), de faire préparer une maquette du monument et de l'élever sur l'emplacement même où se dressera notre pyramide définitive dans quelques mois. C'est donc devant cette maquette, d'ailleurs très exacte et réussie, qu'ont eu lieu, le mois dernier, près de la redoute de Schwardino, les cérémonies d'inauguration. Parti de France à la fin d'août, notre bloc de beau granit de Bourgogne n'est d'ailleurs pas parvenu à destination. Il a sombré, dans la mer du Nord, avec le vapeur danois qui le transportait (2) !

J'ai dit plus haut quels encouragements nous avions reçus du Gouvernement de la République. Le plus précieux de ces encouragements fut la désignation (sur notre demande adressée à

Lariboisière, sénateur, le général Lebon, M. Messimy, député, ancien ministre, M. Mézières, de l'Académie Française, S. A. le prince Murat, le comte de Nalèche, le comte Louis de Ségur, l'amiral Touchard, ancien ambassadeur, le général de Torcy, le duc de Vicence, le prince de Wagram, M. Galli, président du Conseil municipal de Paris, M. de Valicourt, consul général à Moscou.

Avec l'autorisation du ministre de la Guerre, M. le colonel Matton, attaché militaire en Russie, avait assumé la tâche d'être notre délégué général et l'on ne saurait trop le remercier du concours particulièrement efficace qu'il nous a apporté.

(1) Ce Comité qui a bien voulu s'occuper de tous les détails et dont le dévouement a été complet, était ainsi formé, parmi les membres les plus en vue de la colonie française de Moscou : président : M. P. Giraud; membres : MM. Boutry, E. Bouvier, A. Brocard, L. Chartron, Dufourmantel, G. Ferraud, C. Frey, Goujon, Gustelle, Kœchlin, Liberge, Moussy, A. Rebotier.

(2) Nos souscripteurs seront heureux de savoir que ce bloc de granit avait été assuré. La perte matérielle est donc presque nulle. L'aigle de bronze qui doit orner le monument ne sera terminé que le mois prochain. Les plans du monument ont été dressés par M. Bœswilwald, professeur aux Beaux-Arts.

M. le président du Conseil) d'une mission militaire, à la tête de laquelle se trouvait M. le général de Langle de Cary, commandant le 8ᵉ corps d'armée, et composée du colonel Matton, attaché militaire, du commandant Buat, sous-chef de cabinet du ministre de la Guerre et du capitaine de Renty, ancien stagiaire en Russie. Cette désignation donnait d'avance, à la cérémonie d'inauguration, un caractère officiel. Elle prouvait au Gouvernement impérial que notre monument était bien le monument de tous les Français et non pas seulement l'œuvre d'une société ou d'un comité. Elle avait aussi, au point de vue diplomatique, une haute portée sur laquelle les Russes ne se sont pas trompés. En glorifiant nos morts comme la Russie glorifiait les siens, nous faisions, nous aussi, un acte pieux, et ce double geste, aussi naturel des deux côtés, car le courage fut semblable, a été l'occasion d'un rapprochement et d'une fraternité véritables entre les représentants des armées alliées. C'est du reste avec la très sincère volonté d'éviter tout malentendu que, sur l'ordre de l'Empereur Nicolas, l'entourage impérial avait pris les mesures les plus prévenantes et qu'il a ménagé aux délégations françaises l'accueil le plus courtois et le plus flatteur (1). Qu'il me soit permis d'ajouter avec quelle dignité, avec quel tact parfait, en ces circonstances forcément assez délicates, M. le général de Langle de Cary a représenté la France. Tous ceux d'entre nous qui étaient en Russie le mois dernier, lui en garderont une respectueuse reconnaissance.

L'éloignement et la durée du voyage avaient, il faut le dire, un peu effrayé beaucoup des membres de nos comités et, si la colonie française de Moscou était très largement représentée par son élite, en revanche nous étions peu de Français venus de France! M. le général Poulléau, notre président, n'ayant malheureusement pu se rendre en Russie, la présidence de notre délégation française avait été acceptée par M. le général de Torcy, membre du Comité d'honneur, dont la personnalité était déjà très connue là-bas, car il a rempli plusieurs missions officielles à

---

(1) Les diplomates russes à Paris et notamment M. le général comte Nostitz, alors attaché militaire, ont beaucoup facilité nos négociations en Russie. Il n'est que juste de leur exprimer ici toute notre gratitude.

Pétersbourg et à Moscou. En outre, le général de Torcy a assisté à toute la campagne de 1877-1878 ; il porte la médaille de Plevna et c'était donc, en quelque sorte, en ancien camarade de guerre qu'il a été très chaudement accueilli par beaucoup d'officiers ayant fait campagne avec lui dans les Balkans. La délégation comptait encore : le colonel vicomte Fleury, vice-président du Comité de Paris, fils du général Fleury, ambassadeur de France auprès d'Alexandre II ; le comte de Lariboisière, sénateur, petit-fils du général de Lariboisière ; M. Ternaux-Compans, ancien chargé d'affaires à Pétersbourg et ancien député, petit-fils du général Compans ; le baron de Baye, correspondant pour la France du Comité du Musée russe de 1812 ; le duc d'Auerstædt, officier de réserve, petit-neveu du maréchal Davout ; M. A. Depréaux, secrétaire de notre comité ; le capitaine Marchal, du 18e bataillon de chasseurs, stagiaire dans un régiment russe. Le baron de Grandmaison, député de Saumur, petit-fils du maréchal Mouton, comte de Lobau, le vicomte de Vogüé et M. Jacques Fleury, étaient également présents. On peut encore citer, parmi les Français venus à Borodino, M. Ajalbert, l'érudit conservateur du château de la Malmaison, et les correspondants du *Temps* et de l'*Éclair* (1).

**

Parties de Pétersbourg (2) le vendredi 6 septembre, de bonne heure, dans un des trains spéciaux mis à la disposition des fonctionnaires de la Cour, la mission officielle française et la délégation du Comité arrivèrent le 7 au matin en gare de Borodino. Tous avaient l'honneur et la bonne fortune d'être considérés comme les invités du Tsar. Deux colonels de l'État-major général, les colonels Jouzefovitch et de Scalon, ainsi que deux capitaines nous étaient attachés et, pendant ces journées, nos camarades russes

---

(1) Plusieurs des membres du Comité étaient accompagnés de personnes de leur famille. Citons Mme la comtesse de Lariboisière, Mme et Mlle Ternaux-Compans, Mme la baronne et Mlle de Baye, Mme de Renty.

(2) Les délégations étaient arrivées le 2. Le 4, l'ambassadeur de France avait bien voulu les accueillir à l'ambassade dans un dîner auquel assistait le ministre de la Guerre russe.

*

ont tout organisé et facilité avec une remarquable entente. Peu après notre train, arrivaient le train impérial, puis celui des grands-ducs et des ministres. Les cérémonies commencèrent aussitôt.

D'après le programme protocolaire, la journée du 7 septembre/25 août devait surtout comporter des évocations religieuses; la journée du 8, au contraire, devait être consacrée à des parades militaires et à la visite impériale du champ de bataille. Mais, en Russie, l'idée religieuse et l'idée militaire se confondent presque. Les deux journées passées par le Tsar à Borodino ont donc constamment, pour nous du moins, présenté un caractère à peu près semblable, avec des nuances imprécises. Le 7 comme le 8, la foule, surtout composée de paysans aux pittoresques costumes, venus de loin, se pressait le long de la route suivie par le cortège impérial. Le centre des diverses cérémonies était la grande butte où l'on a élevé en 1839, sur l'emplacement des redoutes de Rayewsky, un immense monument. Près de là se trouve le célèbre couvent fondé par la veuve du général Toutchkoff, un des généraux tués dans la bataille : couvent dont les hautes coupoles vertes se profilent lumineusement sur le ciel. Près de là encore, la Maison des Invalides, autre fondation pieuse. Au pied même du monument on avait, pour la circonstance, dressé la chapelle dite d'Alexandre 1er, celle qui servait autrefois pendant les campagnes.

Pour se rendre de la station (1) (où sont garés les divers trains) au grand monument russe, 3 ou 4 kilomètres d'une route récemment refaite. Et, le long de cette route, de chaque côté, des pyramides et des tombeaux. Ici, la pyramide du général Nevierowski; là, celle d'un colonel; plus loin, des stèles diverses en l'honneur de régiments ou de bataillons décimés... En petit, cette voie de tombes rappelle la voie sacrée de Rome, et l'impression ressentie est aussi douloureuse et poignante. Dès qu'on a mis le pied sur le champ de bataille, on est saisi par la grandeur du drame qui s'est joué dans ces plaines ondulées que dore ce jour-là un beau soleil automnal...

---

(1) La station s'appelle *Borodino*, mais elle est fort éloignée (5 kilomètres environ) du village du même nom, situé beaucoup plus au nord.

Après s'être arrêté au couvent Toutchkoff, l'empereur Nicolas que suivent l'Impératrice, les grandes-duchesses et les grands-ducs, monte solennellement au tertre du monument. Tout autour, en lignes profondes, les troupes sont massées : six ou sept mille hommes tout au plus, en tenue de campagne. La plupart des régiments russes sont cependant représentés. Ces six ou sept mille hommes, en effet, ne comportent pas des unités constituées, mais sont des délégations de tous les corps ayant pris part à la campagne. L'importance de la délégation varie avec les pertes subies en 1812. Tel régiment n'a envoyé qu'un peloton, tel autre un bataillon; la 8e division, qui s'est spécialement distinguée, est là presque tout entière. En outre, pour les cérémonies du centenaire, les arsenaux de l'Empire ont confié aux fractions de régiments les anciens drapeaux, — ceux qui étaient à la bataille, — et la présence de ces témoins, loques glorieuses déchiquetées par les balles et décolorées par le temps, est une magnifique et tragique évocation...

Le Tsar s'entretient assez longuement avec quelques centenaires, dont deux prétendent avoir assisté à la rencontre, puis il descend à la Maison des Invalides, où l'attendent tous les ministres et hauts fonctionnaires de la Cour. Les délégations françaises sont alors présentées. A la cordialité de l'accueil qui nous est fait par Leurs Majestés, on sent que la présence de nos représentants était sincèrement désirée et attendue. Pour tous, de gracieuses et chaleureuses paroles sont prononcées.

Cependant, semblant venir du village de Borodino (situé à 2 kilomètres nord des redoutes de Rayewsky) un long cortège paraît... La grande « Vierge de Smolensk », icône immense et vénérée que portent quarante soldats, s'avance dans la plaine, pour monter à son tour au monument. Elle est suivie du métropolite de Moscou, de plus de trente évêques en costumes d'apparat, d'un nombreux clergé, de porteurs de bannières et d'icônes aux ors flamboyants. C'est une vision d'Orient byzantin dans toute sa magie. La « Vierge » se dirige vers la chapelle de campagne d'Alexandre Ier où l'on célèbre, devant les souverains et leur suite, un grand service religieux. Puis, toujours escortée de son somptueux cortège, l'image sainte est présentée aux troupes,

— comme en 1812 — et reçoit le salut des anciens drapeaux. Derrière les évêques, les popes et les icônes, le Tsar accompagne la « Vierge », tête nue, conduisant lui-même la solennelle procession, suivi des princes et des officiers de la Cour. Lorsqu'on arrive à la fameuse 8ᵉ division, massée face à la tombe de Bagration, tout le cortège s'arrête et les évêques, avec des gestes larges, bénissent les soldats, tandis que, dans la foule émerveillée qui s'est rapprochée, retentissent de longues et vibrantes acclamations...

Tel fut le principal spectacle de cette première journée du 7 septembre/25 août (1).

Pour nous, le lendemain 8 fut plus émotionnant encore. Après un service religieux au couvent (où l'on avait déposé dans la soirée la « Vierge » de Smolensk), une procession aussi somptueuse que la veille se rend de nouveau, vers 10 heures, au grand monument russe. Longues prières d'actions de grâces, lecture d'un manifeste patriotique ; puis le Tsar passe en revue les troupes à peu près disposées comme la veille, et il fait à tous les officiers français l'honneur de les inviter à le suivre à cheval, immédiatement derrière les grands-ducs. L'attitude des fractions de régiments est superbe. Ce sont d'ailleurs des hommes spécialement choisis qui composent les détachements, et leur présence ici est considérée comme une véritable récompense. Pendant que se prépare le défilé, le général de Langle met pied à terre. Accompagné du général de Torcy et de nous tous, il monte lentement sur le tertre du monument russe. Des soldats, derrière nous, portent les couronnes apportées de France : celle de l'armée française à l'armée russe, celles du Sénat et de la Chambre, de notre comité, de Saint-Cyr, de Polytechnique, etc... Tous les regards, ceux de l'entourage impérial, ceux des régiments et de la foule immense

---

(1) La bataille de la Moskowa fut, on le sait, livrée le 7 septembre, qui correspondait en 1812 au 26 août russe. Mais depuis 1900, le 26 août du calendrier russe correspond à notre 8 septembre. C'est donc le 8 septembre que l'anniversaire de la bataille a été commémoré officiellement et non le 7.

Pour les amateurs de documents, nous signalerons ici que l'*Illustration* des 14 et 21 septembre et le *Monde Illustré* du 21 septembre ont reproduit d'intéressantes photographies des cérémonies de Borodino et de Moscou.

qui garnit la plaine, se fixent sur notre petit groupe français, et cette scène, — scène de haute et généreuse fraternité militaire, — impressionne grandement tous les assistants.

Puis, commence le défilé, remarquablement conduit. Le Tsar se rend ensuite à cheval au village de Borodino où il nous offre, ainsi qu'à tous les officiers et fonctionnaires, dans les jardins d'une grande maison appartenant à la Couronne et baptisée Palais impérial, un lunch servi pour plus de huit cents convives.

Le temps presse cependant. Les cérémonies du matin ont été très longues. Il est maintenant près de 3 heures et, d'après le programme adopté, le Tsar doit parcourir (en automobile) les principales parties de l'immense champ de bataille pour y saluer les nombreux monuments russes. En outre, la visite impériale est annoncée, pour la fin de la journée, à notre monument français et ce noble hommage rendu aux héros de la Grande Armée doit être le couronnement des pieuses cérémonies de Borodino. C'est donc avant cette visite que nous devons procéder à l'inauguration effective.

Lorsque nous arrivons à l'emplacement choisi, à peu de distance de la redoute de Schwardino (1), une foule compacte nous attend. Toute la belle colonie française est là, avec M. Giraud à sa tête. Sur le tertre sont rangées les nombreuses couronnes envoyées de France par les soins du *Souvenir français* (2). Des couronnes russes viennent aussi d'être apportées; entre toutes se distingue celle offerte par le ministre de la Guerre au nom de l'armée alliée. Autour de la pyramide, une quinzaine d'alertes jeunes

---

(1) De Borodino à Schwardino, la distance est d'environ 5 kilomètres.

(2) Voici, sauf erreur, la liste des donateurs de ces couronnes :
Ministère de la Guerre, le Sénat, la Chambre des Députés, la Ville de Paris; École spéciale militaire de Saint-Cyr (deux couronnes), École polytechnique (deux couronnes), École de cavalerie de Saumur (deux couronnes), École d'administration de Vincennes; régiments d'infanterie : 2e, 3e, 4e, 8e, 9e, 12e, 16e, 17e, 18e, 25e, 29e, 30e, 33e, 35e, 36e, 37e, 44e, 46e, 48e, 51e, 55e, 56e, 57e, 72e, 82e, 83e, 84e, 85e, 90e, 92e, 93e, 99e, 105e, 108e, 110e, 111e, 113e, 123e, 125e, 126e, 127e, 128e, 129e, 131e; régiments de cavalerie : 1er, 2e, 3e, 4e, 5e, 6e, 7e, 8e et 9e cuirassiers; 7e, 16e, 17e, 20e, 23e, 25e, 28e, 30e dragons; 1er, 3e, 4e, 7e, 8e, 9e, 11e, 12e, 13e, 19e, 20e chasseurs; 2e, 5e, 6e, 7e, 8e, 9e, 10e, 11e hussards; régiments d'artillerie : 1er, 2e, 3e, 4e, 7e, 8e, 9e, 24e, 26e, 31e; 19e escadron du train; 3e légion de gendarmerie.

gens de la colonie tiennent d'immenses drapeaux tricolores aux couleurs françaises et russes : charmante et vivante décoration, très heureusement conçue par nos amis du Comité de Moscou.

En même temps que nous, sont arrivés S. A. I. le prince Alexandre Romanowsky, duc de Leuchtenberg, M. Kokovtsoff, président du Conseil des ministres, le général de Soukhomlinoff, ministre de la Guerre, le gouverneur de Moscou, de nombreux généraux, des officiers de toutes armes. L'abbé Vidal, curé de Saint-Louis-des-Français, à Moscou, donne alors solennellement l'absoute et récite avec onction la prière des morts. Tous, nous revivons le formidable drame de 1812. Les cœurs se serrent et aussi quelques yeux se mouillent...

Le général de Torcy s'avance ensuite sur l'estrade préparée et prononce un beau discours d'inauguration. M. Ternaux-Compans parle à son tour au nom de la *Sabretache* et le colonel Fleury, au nom du *Souvenir français* (1). M. de Valicourt, consul général, dit en dernier lieu quelques mots. A chacun de ces discours les Français présents font un chaleureux accueil. La communion est complète entre le public et les orateurs. Et je dois ajouter que les hauts personnages russes qui nous entourent, à cette heure inoubliable, semblent approuver hautement l'hommage ému rendu à nos héros...

A peine les discours sont-ils terminés, qu'on nous signale le cortège du Tsar suivi de tous les grands-ducs. Il est maintenant près de 6 heures. Peu de service d'ordre. Nicolas II descend de son automobile à 100 mètres du monument et se rend au pied de la pyramide. En termes très heureux, en notre nom à tous, le général de Torcy lui exprime notre profonde gratitude pour cette démarche et prononce les paroles suivantes :

« Sire,

« Que Votre Majesté daigne nous permettre de lui exprimer notre reconnaissance et celle du Comité du Centenaire pour le rare honneur de son auguste visite au monument érigé aux morts de la Grande Armée.

---

(1) Voir plus loin le texte complet de ces discours.

« La France sentira profondément la grandeur de ce haut témoignage d'estime et de sympathie. Elle y verra, en outre, avec joie, une preuve nouvelle que le fils de l'empereur Alexandre III a hérité de la confiance accordée, jadis, par son illustre père à d'anciens adversaires, — qui n'ont, comme on l'a dit, jamais été des ennemis — et elle sera heureuse d'associer son nom aux manifestations de gratitude et de respect dont elle aime à entourer la mémoire du vénéré fondateur de l'alliance de la Russie et de la France. ».

Aussitôt après cette allocution, sur la demande même qu'avait formulée le souverain, l'abbé Vidal procède à une nouvelle bénédiction du monument. Très recueilli et paraissant très ému, tête nue, le Tsar écoute les prières latines et le chant douloureux du *Miserere*. « Pas un bruit sur le champ de bataille séculaire que les voix françaises du prêtre et de ses acolytes, sur cette estrade de bois blanc à la rampe garnie d'étoffe tricolore. Et cet humble office aux premières étoiles, dans le déclin de ces jours de soleil fastueux, de processions d'or et de flamme, de ces revues éclatantes et miroitantes, est du plus émouvant, du plus poignant contraste (1). »

Le chef de notre délégation offre ensuite au Tsar la grande médaille d'or, représentant notre monument (2), puis Sa Majesté veut bien signer le procès-verbal d'inauguration préparé sur un luxueux album, par les soins de M. Ternaux-Compans, procès-verbal dont voici le texte :

Le 8 septembre 1912, sous le règne de S. M. Impériale Nicolas II, empereur de toutes les Russies, M. Armand Fallières étant Président de la République Française, M. Raymond Poincaré, de l'Académie Française, sénateur, président du Conseil et ministre des Affaires étrangères, M. Millerand, député, ministre de la Guerre, M. Georges

---

(1) Article de M. Ajalbert, *Journal* du 21 septembre.

(2) Des médailles d'argent et de bronze ont été distribuées aux fonctionnaires et officiers russes ainsi qu'aux Français qui nous ont aidés dans notre tâche.

Nos amis et souscripteurs peuvent se procurer cette belle médaille en s'adressant au *Souvenir français*, 229, faubourg Saint-Honoré. Le modèle en argent, écrin compris, est de 15 francs; le modèle en bronze, de 4 francs. Ces médailles sont cédées au profit de l'Œuvre des Monuments français de 1812.

Louis, ambassadeur de la République Française en Russie, M. de Valicourt, consul général de France à Moscou, a été inauguré un monument commémoratif, élevé à la mémoire des morts de la Grande Armée.

Le présent écrit ayant pour objet de constater les conditions dans lesquelles a eu lieu cette inauguration, ont signé...

Au-dessous de la signature impériale, les grands-ducs mettent aussi leurs noms, dans l'ordre protocolaire : Michel-Alexandrovitch (frère du Tsar), Cyrille, Boris, Dimitri, Nicolas, Pierre, Michel, Georges, Serge, Jean, Gabriel, Constantin. Enfin, sur le verso de cette page historique, les Français présents signent également. En tête des Français, comme l'un des présidents de notre comité d'honneur, figure S. A. I. le prince Alexandre Romanowsky, duc de Leuchtenberg. Ce précieux album sera ultérieurement déposé au musée de l'Armée, aux Invalides.

Une fois toutes ces signatures apposées, Nicolas II se prépare à nous quitter pour achever sa visite du champ de bataille. Mais au moment où il va rejoindre sa voiture, la colonie de Moscou, très touchée du beau geste qu'a fait le souverain et de sa bonne grâce, tient à l'en remercier par de chaudes acclamations. Le cri de *vive l'Empereur* retentit longuement. J'avoue que j'eusse préféré entendre crier *vive le Tsar*. Sur ce champ de bataille et devant notre monument, le cri français de *vive l'Empereur*, s'appliquant au descendant d'Alexandre Ier, détonnait un peu. Et quelques-uns d'entre nous se souvenaient que c'était en poussant ce même cri de *vive l'Empereur* en l'honneur de leur grand Empereur, que s'étaient si bravement fait tuer les héros que nous venions d'honorer...

Dans la nuit, nous arrivions à Moscou où nous devions, pendant cinq jours encore, être les hôtes de la Cour.

**

Les fêtes de Moscou, toute la presse l'a constaté, furent très belles, et elles furent généralement favorisées par le temps. Naturellement, la vieille capitale, déjà si pittoresque d'ordinaire, avait revêtu ses plus beaux atours et multiplié les oriflammes dans les rues. Jamais, paraît-il, depuis les fêtes du couronnement, on n'avait constaté un tel déploiement de faste, jamais on n'avait vu semblable réunion de hautes notabilités, pareil concours de peuple. Le détail de ces fêtes, essentiellement russes, paraîtrait fastidieux à la plupart de nos lecteurs. Qu'il me suffise de dire que, comme invités du Tsar, nous avons assisté à la plupart d'entre elles : admirable service religieux à la cathédrale de l'Assomption, réceptions à l'assemblée de la noblesse et à la municipalité de Moscou, « liturgie » à la basilique du Sauveur, procession solennelle du Kremlin à la Place-Rouge, inaugurations diverses, revues, dîners de gala au Kremlin, etc...

Deux cérémonies nous ont spécialement intéressés : l'inauguration du musée de 1812 et la grande revue des troupes.

J'ai déjà dit, l'an dernier, ce que devait être le musée de 1812. Il se compose d'une section russe et d'une section française, et a été provisoirement installé dans un des palais de la Place-Rouge. La section russe est bien incomplète encore, assez mal présentée, et les œuvres d'art y sont trop rares. La section française, au contraire, nous l'avons constaté avec grande joie, offre déjà un ensemble très satisfaisant. Ce résultat est surtout dû au baron de Baye qui, depuis deux ans, s'est occupé avec un zèle infatigable, de réunir et de classer des souvenirs de la campagne. Il a été aidé dans sa tâche, à Moscou par M. Depréaux, l'un des membres les plus érudits de la *Sabretache*, et à Paris par le marquis de Girardin et M. Brun.

Deux grandes salles sont dès maintenant organisées : l'une dite salle de la Grande Armée, l'autre, salle de Napoléon. Celle-ci contient un grand portrait de l'Empereur en costume du sacre et un beau buste en marbre qu'encadre un large faisceau de drapeaux français. Ce sont là les pièces principales du musée, et il est curieux de souligner une fois de plus de quel culte est entouré là-bas la mémoire de Napoléon. Pendant ces fêtes de Moscou, son image ornait toutes les vitrines de la ville, son souvenir impérieux planait sur toutes les cérémonies.

Toujours Lui, Lui partout (1).

---

(1) De très curieuses séries de cartes postales, représentant presque uniquement Napoléon, ont été répandues à profusion dans toute la Russie.

**

D'autres œuvres d'art ont été également envoyées : entre autres des bustes des frères et sœurs de l'Empereur, du maréchal Ney, du général de Lariboisière ; un grand portrait du roi Murat, des gravures représentant la plupart des généraux ayant pris part à la campagne ou divers épisodes de 1812 ; une colonne de 1^m 50, reproduction de la colonne Vendôme, offerte par le prince Napoléon. Ajoutons que le ministère de la Guerre français a fourni de nombreux objets de valeur, uniformes, dessins, cartes et livres. Des monnaies de toutes sortes, des médailles, des albums, des collections d'assiettes de l'époque ont été aussi envoyés par de généreux donateurs. L'ensemble, judicieusement mis en place, fait le plus grand honneur aux organisateurs, et le Tsar s'est étonné de voir réunis là tant de précieux souvenirs. Lors de son arrivée au musée, il pensait que la plupart de ces souvenirs avaient été seulement *prêtés* par des collectionneurs, et il a manifesté une vive satisfaction en apprenant que ces dons appartenaient désormais en toute propriété à la Russie.

C'est le 10 septembre que fut passée la grande revue des troupes placées sous le commandement du général Plévé. Le vaste terrain d'exercice de la garnison, situé aux portes de la ville, vis-à-vis du château de Petrowski, où séjourna Napoléon en 1812, est un plateau très uni, d'un sol parfait. C'est là, du reste, que se donnent les réunions de courses. Quatre corps d'armée complets et dix régiments de cavalerie avaient été réunis : en tout, près de 80.000 hommes. Officiers et troupiers arboraient fièrement la médaille du centenaire qui vient d'être créée récemment.

A la tête du cortège le plus brillant et le plus chamarré, Nicolas II, en tenue de campagne, passe lentement, au pas, devant les régiments. Comme à Borodino, les généraux et officiers français l'accompagnent. L'Impératrice et le Tsarevitch suivent en voiture à la d'Aumont. Le public, trié et choisi, est assez restreint. De sévères mesures d'ordre ont, en effet, été prises, et la police, à l'aide de clôtures en bois, a su écarter la foule moscovite, qui ne jouit guère de cette magnifique parade.

Le défilé est impeccable, mais semble un peu lent et solennel. Plusieurs jeunes grands-ducs passent devant nous très crâne-

LES MONUMENTS FRANÇAIS DU CENTENAIRE DE 1812   19

ment à la tête des unités dont ils sont titulaires. Artillerie et cavalerie se présentent au trot. Très beau spectacle militaire, en somme, mais auquel manquaient peut-être un peu les acclamations et les bravos populaires dont nous avons l'habitude dans nos revues françaises; spectacle qui nous a surtout laissé une remarquable impression de force, de cohésion et de discipline. Les chevaux, en bel état, avaient des allures coulantes. Les hommes sont presque tous superbes, grands, bien découplés : des mâles.

Avant de finir ce trop long récit, je veux encore signaler deux cérémonies très simples, mais exclusivement françaises, celles-là.

Le 9 septembre, quelques heures à peine après notre arrivée à Moscou, la mission officielle et la délégation du Comité ont assisté avec la colonie à un service solennel de *Requiem*, célébré à Saint-Louis-des-Français pour nos soldats. Le curé de Saint-Louis a prononcé à cette occasion un remarquable discours, qui a ému tous les assistants.

Puis, le 12, nous nous sommes tous rendus au lointain cimetière où la colonie a fait élever, il y a quelques années, un beau monument à la mémoire des soldats morts à Moscou en 1812. Au nom du Gouvernement de la République, le général de Langle de Cary a déposé de superbes fleurs et dit de chaudes et patriotiques paroles. Une couronne a été également offerte au nom du *Souvenir français*.

Dans la nuit du 12 au 13 septembre, à la suite d'une dernière réception de gala au Kremlin, le Tsar et la famille impériale quittaient Moscou, et les fêtes officielles russes du Centenaire étaient dès lors terminées.

●

L'œuvre de longue haleine de glorification française entreprise par notre Comité n'est, au contraire, qu'à ses débuts. Sans tarder, nous allons achever le monument de la Moskowa à Schwardino et bientôt, peut-être, nous honorerons encore, en Russie, d'autres tombes de nos héros. A ce moment, comme hier, nous sommes sûrs que nos alliés continueront à nous recevoir avec la même cordialité, avec le même sincère désir de nous traiter en amis. Les cérémonies grandioses ou émouvantes, auxquelles nous avons eu l'honneur d'assister au premier rang, ont certainement provoqué, entre les représentants des deux armées, des sympathies nouvelles qui seront durables, et la réception faite en France au grand-duc Nicolas, quelques jours plus tard, a constitué un digne pendant à l'accueil reçu par nous à Borodino et à Moscou. En célébrant, sur le champ de bataille du 7 septembre, l'héroïsme de nos aînés et en rappelant leur glorieux sacrifice, nous avons donc conscience d'avoir aussi, quelque peu, dans notre modeste sphère d'action, servi utilement une cause qui nous est chère à tous : le rapprochement plus complet et plus intime encore de deux grands peuples qui ont oublié, depuis longtemps déjà, leurs rivalités de jadis, pour ne penser qu'à leurs communs espoirs de demain.

1er octobre 1912.

ALLOCUTION DU GÉNÉRAL DE TORCY

Chef de la délégation du Comité.

Monseigneur (1),
Mesdames,
Messieurs,

Le Comité du Centenaire de la campagne de 1812, fondé par M. le général Poulléau, avec le concours de MM. Édouard Detaille, le colonel Fleury et le marquis de Reverseaux et représenté, ici, par la délégation dont j'ai l'honneur d'être le président, a su formuler, avec autant de bonheur d'expression que de clarté, le but poursuivi par lui. Son objectif, que le Gouvernement de la République française et celui de S. M. l'empereur Nicolas II allaient lui permettre aisément d'atteindre, en le patronnant généreusement, était double; voici comment il l'a exposé, en quelques lignes, dans son appel aux souscripteurs :

« La Russie se prépare à célébrer, avec magnificence, le centenaire de 1812; la France se doit à elle-même de rendre tangible le souvenir qu'elle garde de ses enfants tombés, par milliers, dans les plaines russes, pour la gloire du drapeau tricolore...

« La France et la Russie sont, désormais, unies et alliées. Les cruels souvenirs du passé ne peuvent que rapprocher encore davantage le cœur des deux nations et les mains vont se serrer sur ces tombes, qui rappelleront, à jamais, ce que furent l'héroïsme, l'abnégation et le dévouement patriotique des deux armées. »

Nous venons donc, d'abord, rendre publiquement témoignage de la gloire acquise par tous ceux — Français ou alliés de la France — qui ont pris part, dans les rangs de la Grande Armée, au choc formidable de 1812, tout en honorant plus particulièrement la mémoire de ceux qui ont succombé aux champs de

---

(1) S. A. I. le prince Alexandre-Georgievitch Romanowsky, duc de Leuchtenberg, président d'honneur du Comité.

Borodino et dont ce monument marque, en quelque sorte, la tombe.

Mais nous demeurons, d'autre part, dans les termes exprès de notre mandat, en venant aussi, comme l'a si bien dit l'éminent historien de Jeanne d'Arc et de Richelieu, « *nous associer à une manifestation franco-russe,* d'un sentiment particulièrement élevé, grave et délicat... et célébrer, dans une pensée de piété commune, le souvenir des luttes où deux grandes armées et deux grands peuples ont trouvé l'origine de leur confraternité d'armes ».

Comment pourrais-je, pour ma part, mieux remplir ces nobles intentions qu'en vous conviant à considérer le point de Schwardino, où nous sommes, — si bien choisi, car c'est ici que, le 23 août/5 septembre, se déroula le premier acte du drame et ici, aussi, que fut le point principal d'observation de l'empereur Napoléon, pendant les journées des 24 et 25 août/6 et 7 septembre, — comme le centre du panorama de la bataille, que j'esquisserai en quelques traits devant vous? Deux de mes collègues parlant, l'un, M. Ternaux-Compans, pour la *Sabretache,* l'autre, M. le colonel vicomte Fleury, pour le *Souvenir français,* voudront bien ajouter ce qui restera à dire, tant au nom de nos grandes sociétés patriotiques, que des nombreux adhérents de la souscription.

La bataille de la Moskowa ou de Borodino, dont, en raison de la rare énergie des combattants, du chiffre énorme de leurs pertes et de l'extrême gravité historique de ses conséquences, le souvenir est destiné à vivre éternellement dans la mémoire des peuples, devait, en cas de succès, conduire à Moscou « l'armée des vingt nations », pour qui l'occupation de cette capitale était devenue une sorte de nécessité et avait pour objet, chez leurs adversaires, de leur en interdire l'approche. Le terrain choisi, à cet effet, par le général Kutusow, qui venait de prendre le commandement de l'armée russe, n'était autre que la position qui s'étend sous nos yeux et dont Borodino marque le centre. Elle offrait, dans ce pays de plateaux ondulés et de vastes plaines, les meilleures conditions défensives qu'on ait pu espérer y rencontrer. Renforcée de travaux de campagne, comme elle l'était quand l'armée de l'empereur Napoléon se présenta devant elle, cette position devait paraître et était, réellement, presque inexpugnable.

Les hauteurs qui la forment sont, ainsi que vous le voyez, à peu près perpendiculaires à la ligne de marche de l'armée française et au cours supérieur de la Koloza, qui la longe jusqu'à Borodino; mais, tandis que cette rivière, en tournant alors brusquement au nord-est, forme escarpe en avant des hauteurs de gauche, dont l'accès devient, dès lors, fort difficile, le relief relatif s'abaisse, au centre et à la droite de la position russe, où le pied des collines n'est plus défendu que par quelques ravins et dont les pentes relativement douces se montraient, alors, couvertes de bois taillis, peu épais.

Pour ce motif, alors que la droite de la ligne russe avait, — sauf à son aile extérieure, — été jugée suffisamment défendue par la nature, le centre et la gauche avaient été couverts d'importants ouvrages passagers, dont les plus connus, parce qu'ils furent le tombeau de plus de braves, sont la « Grande Redoute », le groupe défensif de Gorki et les trois « Flèches de Bagration », sans compter de nombreux travaux de moindre notoriété et plusieurs localités organisées défensivement, comme le « Village brûlé » de Semenowskoï et les bois de Masslowo.

Cette ligne, armée d'une artillerie très puissante et d'autant plus redoutable que son étendue était bien proportionnée à l'effectif de ses défenseurs, était couverte elle-même, — un peu excentriquement, cependant, et trop en avant d'elle pour être efficacement soutenue de ses feux — par la redoute de Schwardino, où s'était fixé un fort détachement russe. C'est à cet ouvrage et à ces forces que l'avant-garde générale française, composée, sous le commandement du roi Murat, d'un corps de cavalerie, temporairement renforcé de la division Compans, du 1er corps, se heurta, au cours de la marche du 23 août/5 septembre, en un choc violent, sanglant, très onéreux pour les deux partis, et qui laissait prévoir, pour le surlendemain, l'extraordinaire émulation d'héroïsme que les deux armées allaient, mutuellement, s'opposer.

Je ne saurais même penser à résumer, ici, les phases si variées de cette grande action de guerre, d'abord très rapide, puis, ralentie par de violents retours offensifs, dont plusieurs furent couronnés de succès, sans cependant avoir jamais compromis sérieusement le résultat final, mais qui imposèrent aux troupes de toutes armes des interventions exceptionnelles et des efforts d'une puissance proportionnée à la gravité des enjeux et qui, enfin, se termina par la retraite ordonnée des défenseurs, que l'occupant, épuisé, renonça à poursuivre autrement que de son feu. Tout au plus, crois-je possible d'indiquer, très sommairement, la physionomie générale de la bataille, pour mieux vous faire comprendre combien chacun des deux adversaires reste fondé à s'en faire honneur.

L'armée française, que couvrait, comme je l'ai dit, la cavalerie de Murat, s'était formée, face à l'est, sur un front relativement étroit, en trois groupements principaux que commandaient, respectivement, trois de ses chefs les plus légitimement réputés à divers titres : à droite, le maréchal Davout, prince d'Eckmühl; au centre, le maréchal Ney, duc d'Elchingen; à gauche, le prince Eugène, vice-roi d'Italie. Un fort détachement d'aile, sous les ordres du prince Poniatowski, opérait, en outre, à l'extrême droite et la réserve générale était formée de la Vieille et de la Jeune Garde.

Dès l'aube du 25 août/7 septembre, quoique le plan de l'empereur Napoléon eût paru être, d'abord, de manœuvrer par sa droite, en pivotant sur son aile gauche, les troupes de première ligne de Davout et du prince Eugène reçoivent l'ordre de s'engager, presque simultanément, en avant d'elles, sous la protection de puissantes batteries de position et appuyées par une forte artillerie mobile, dont l'admirable activité ne se ralentira pas de toute cette longue journée. Par le fait de ces deux attaques, le corps de Ney doit, bientôt aussi, entrer en ligne pour les relier. Puis, l'axe général du mouvement s'étant déplacé à droite, en raison des fluctuations de la bataille autour des ouvrages du centre, la cavalerie du roi de Naples s'engage à son tour, et elle le fait avec une telle vigueur que ses escadrons, vengeant chèrement la mort de leurs chefs successifs, — Montbrun et Caulaincourt, — sont pour moitié avec les bataillons du prince Eugène dans la prise de la Grande Redoute. Seule, — et chacun sait qu'on en a fait souvent un sérieux grief à l'empereur Napoléon, — sa Garde ne devait pas être appelée au redoutable honneur fait à la Garde impériale russe de se sacrifier dans les sanglants efforts qui précédèrent la cessation de la lutte.

Cette admirable troupe, réserve suprême pour les jours d'épreuve dès lors prévus, n'eut, en effet, d'autre rôle à remplir que celui de protéger, après l'action, le repos de l'armée française contre un retour offensif des soldats de Kutusow. Quel témoignage rendait ainsi, implicitement, le vainqueur de l'Europe de l'invincible ténacité du général russe et de ses soldats!

Je ne saurais, sans abuser de votre attention, pousser plus loin cette analyse. Pourtant, je me trouverais incomplet et ingrat, si je ne faisais mention, pour terminer, de l'active coopération et de la présence parmi nous des descendants de plusieurs des glorieux chefs de notre armée qui ont, ici même, couronné leurs noms d'une gloire immortelle.

S. A. I. le prince Alexandre Romanowsky, duc de Leuchtenberg, voudra bien, j'espère, me permettre, malgré sa qualité de membre de la famille impériale de Russie, de le considérer comme faisant partie de cette glorieuse phalange, en exprimant les profonds regrets que la mort récente du duc Georges de Leuchtenberg, son père, a laissés au Comité du Centenaire, dont il était l'un des présidents, et en rappelant que lui-même est l'arrière-petit-fils du rare soldat et parfait gentilhomme que fut toujours le vice-roi d'Italie.

Nous nous honorons également de nous voir entourés du duc d'Auerstaedt, petit-neveu de l'illustre maréchal Davout, ainsi que de MM. le comte de Lariboisière et Ternaux-Compans, tous deux petits-fils, le premier, du glorieux commandant de l'artillerie de la Grande Armée, le général de Lariboisière, — dont un fils fut tué à la gorge même de la Grande Redoute, — le second, du général comte Compans, cet incomparable soldat qui, après avoir enlevé d'un élan, le 23 août/5 septembre, la redoute de Schwardino, devait tomber, le surlendemain, à l'assaut de la première des « Flèches de Bagration ». Et je suis assuré d'interpréter les sentiments de tous mes collègues en exprimant publiquement encore notre regret de l'absence de M. le comte Louis de Ségur, du duc de Vicence et de l'un des descendants du glorieux maréchal Ney, également membres de notre Comité et dont nous avions, jusqu'à la fin, pu espérer la présence, — si indiquée, — à cette inoubliable cérémonie.

Le brillant officier général, — général Lebon, — à qui devait appartenir l'honneur d'inaugurer ce glorieux monument et dont je ne fais guère que continuer la mission, avait, avant son départ pour l'Extrême-Orient, préparé l'allocution que son rôle de président l'appellerait à prononcer ici. Je suis assuré de vous intéresser, autant que de le satisfaire lui-même, en reproduisant, pour terminer, quelques-unes des pensées généreuses qui devaient servir de péroraison à son discours.

« Comme ces preux chevaliers, qui, après avoir combattu dans la lice avec une égale vaillance, se donnaient l'accolade fraternelle, la France et la Russie, aujourd'hui unies et alliées, se serrent les mains devant ces monuments funèbres et viennent confirmer, comme on l'a dit, l'alliance des vivants par celle des morts...

« Puisse ce monument perpétuer le souvenir de tant de valeur et d'héroïsme ! Que les fils de France qui viendront en pèlerinage dans ces vastes plaines, aux siècles futurs, se découvrent devant cette pyramide et s'agenouillent pieusement sur cette terre où sont tombés leurs glorieux ancêtres. »

Et puisse aussi, dirai-je moi-même, la noble nation russe, fidèle à sa foi et à ses souverains et résolue à poursuivre ses hautes destinées, ne pas laisser se détendre les liens qui l'unissent à la France, ni jamais douter de l'aptitude de leur commune alliance à se montrer féconde !

ALLOCUTION PRONONCÉE PAR M. TERNAUX-COMPANS

MEMBRE DU COMITÉ

Au nom de la *Sabretache*.

Messieurs,

C'est au nom de la *Sabretache* que je prends la parole — Édouard Detaille, notre cher président, m'en a confié le soin. — Je regrette profondément son absence et vous partagerez mon sentiment. Il appartenait à notre grand peintre militaire, au peintre de l'épopée napoléonienne, de venir ici saluer les morts de la Grande Armée !

C'est son illustre maître, Meissonier, qui fut le véritable créateur de notre Société. Le but qu'il poursuivait était de former un faisceau compact d'hommes respectueux de toutes nos gloires passées, appliqués à en perpétuer le souvenir et à faire pénétrer dans tous les cœurs l'amour de ces belles vertus militaires qui ont toujours été notre apanage. Autour de lui vinrent se grouper les grands chefs de notre armée — gardiens de ses traditions d'honneur et de courage — des personnalités comme le duc d'Aumale, ce noble prince, qui a su ajouter à son nom un si brillant éclat; comme le maréchal Canrobert, les généraux Vanson, Mellinet, Boisdeffre, l'amiral Duperré; de fervents collectionneurs d'armes, d'insignes de toutes espèces qui racontent l'histoire militaire de la France; des écrivains comme Henri Houssaye, comme Albert Vandal, dont la conscience et le talent donnent tant de valeur aux ouvrages qu'il a consacrés à la rivalité de Napoléon et d'Alexandre, à cette lutte d'influence qui devait aboutir à la terrible campagne de 1812. N'oublions pas que Melchior de Vogüé, dont la notoriété est aussi grande en Russie qu'en France, fut également l'un des membres de notre Société. La dernière page qu'il ait écrite avant sa mort fut la préface de la nouvelle édition du célèbre ouvrage du général comte de Ségur, *La Campagne de Russie.* Il raconte que, parcourant le grand champ de bataille qui est là sous nos yeux, le pope qui lui servait de guide fit observer — ingénument — que le sol, si fertile jadis, commençait à s'épuiser, et que les moissons si belles pendant tant d'années ne ressemblaient plus à ce qu'elles avaient été. J'ignore si ce pope existe encore, mais il pourrait voir cette année que cette terre, arrosée du sang de tant de braves, conserve encore de sa valeur fécondante. La moisson n'est-elle pas plus belle que jamais ! Voyez plutôt cette floraison de couronnes d'immortelles qui diront aux générations futures ce que furent cette grande bataille et ceux qui succombèrent.

C'est une noble tâche que de se constituer le gardien du passé et de forger les anneaux qui unissent entre elles les générations. C'est cette tâche que nous poursuivons ainsi que le distingué directeur de notre *Carnet*, M. le commandant Martin. Grâce à ses efforts, bien des archives de famille se sont ouvertes et nous ont livré ces précieux feuillets, témoins sincères de quelques épisodes de nos guerres. Mais que de documents restent encore inconnus ! Chaque jour on en découvre de nouveaux concernant des époques sur lesquelles il semble que tout ait été dit. C'est ainsi que grâce à l'obligeance de M. Gariaïnoff, directeur des Archives de Saint-Pétersbourg, l'un des nôtres, Frédéric Masson, l'éminent historien de Napoléon et de son époque, a eu l'heureuse fortune d'exhumer récemment de nombreuses lettres écrites par les héros dont nous célébrons la mémoire. Interceptées pendant la retraite par les cosaques du général Platoff, elles étaient restées inconnues jusqu'à nos jours. Une prochaine publication, faite par les soins de la *Sabretache*, va les mettre en lumière. Beaucoup de ces lettres parlent de la grande bataille qui fut livrée ici-même, il y a un siècle. L'une d'elles, adressée par le général Compans à sa jeune femme, raconte la mort du général Auguste de Caulaincourt, frappé en chargeant à la tête de ses vaillants cavaliers que la mort de Montbrun, survenue quelques instants auparavant, venait de priver de leur brillant chef.

En évoquant cette grande page d'histoire, vous trouverez naturel que je pense au prince Eugène de Beauharnais et que j'adresse un souvenir ému à la mémoire de son petit-fils le duc Georges de Leuchtenberg. Le Prince, noble et charmant — digne héritier des vertus de son aïeul — m'avait accueilli avec le plus aimable empressement lorsque, au nom de notre Comité, je vins lui offrir une présidence d'honneur. Il aimait à rappeler le lien qui le rattachait à la France et racontait volontiers dans quelles circonstances véritablement étranges son grand-père avait appris quelle devait être la destinée de sa descendance.

L'incendie de Moscou avait obligé le prince Eugène de Beauharnais et ses soldats à se réfugier dans un couvent des environs. Pendant la nuit, le Prince eut une apparition. Il vit devant lui un vieillard à l'air noble et grave qui fit entendre ces paroles : « Écoute et souviens-toi ! Protège ce couvent contre tes propres soldats, car un jour viendra où ton sang se mêlera à celui des Romanoff. Ce pays sera la patrie de tes petits-enfants. »

Le Prince se leva précipitamment. L'apparition s'était évanouie. Il cherche partout le vieillard et pénètre dans la chapelle du couvent. Devant lui, dans un cadre, il aperçoit le même visage, le même regard qui le contemple. C'était le portrait du saint vénéré auquel ce couvent était consacré. Ai-je besoin d'ajouter que les sentiments personnels du prince Eugène s'accordaient trop avec les recommandations qui lui avaient été faites pour que le couvent ne fût pas respecté !

Vous connaissez, Messieurs, la belle devise du régiment Colonel-Général de la vieille armée française que nous avons adoptée :

Præteriti fides exemplumque futuri.
Fidèle au passé et exemple pour l'avenir.

C'est en vertu de cette devise que nous sommes ici devant ce monument.

Voilà cent ans que neuf mille héros sont tombés sur ce champ de bataille. Quelques-uns ont laissé des noms illustres qui sont encore dignement portés, mais que d'héroïsme obscur, que de victimes inconnues enfouies dans cette terre qui gardera à jamais le secret de leurs noms. Nous ne connaissons de ces morts que leur nombre; ils étaient neuf mille et près d'eux gisaient vingt mille blessés.

Après tant d'années écoulées, la France s'est souvenue devant cette date — 1912 — qu'elle avait un grand devoir à remplir. Cette terrible campagne de Russie — unique dans l'histoire des guerres — source de tant de gloires et de tant d'infortunes, avait dévoré ses meilleurs enfants. Comment venir sur cette terre étrangère apporter aux victimes le juste tribut qui leur est dû? Le temps a fait son œuvre d'apaisement et l'heure propice a sonné. J'ai eu le bonheur, au cours de ma carrière, d'assister à l'aube nouvelle qui éclaire sur leurs véritables intérêts deux nations qui jadis s'étaient méconnues. Nous venons aujourd'hui — sur cette terre hospitalière et amie — confier la garde de nos morts à l'honneur de nos alliés. Ils se connaissent en courage et savent comme nous que le patriotisme, la valeur militaire, l'abnégation qui va jusqu'au sacrifice de la vie sont les vertus qui font les grandes nations.

C'est la main dans la main que nous prions sur ce champ de douleur, de misère et de gloire et que nous élevons nos cœurs vers ces vaillants qui, sans haine, se sont saisis dans une étreinte redoutable et ont laissé à leurs enfants le noble héritage de leur mâle courage et de leur noble exemple.

Un mot, Messieurs, et j'ai fini. M. le général de Torcy a bien voulu évoquer un souvenir qui m'est cher. L'éloge du général Compans par un tel chef militaire et sur le lieu même où mon grand-père a combattu, m'a profondément touché et je lui en exprime ici toute ma reconnaissance.

ALLOCUTION DU COLONEL FLEURY

VICE-PRÉSIDENT DU COMITÉ

Au nom du *Souvenir Français*.

Monseigneur,
Messieurs,

J'ai peu de chose à ajouter aux éloquentes paroles que vous venez d'entendre.

Je voudrais cependant tout d'abord, au nom du *Souvenir français* et de notre cher et vénéré président, le général Poulléau, adresser à ceux qui ont secondé notre initiative l'expression de notre gratitude émue.

A l'appel de notre Comité de Paris, formé de membres du *Souvenir français* et de la vibrante *Sabretache*, dès la première heure, nous sont arrivés de toutes les provinces de France des encouragements et des concours efficaces. Princes et simples citoyens, hommes politiques et membres de l'Institut, descendants de familles historiques et représentants de la France nouvelle, chefs et soldats, anciens régiments et jeunes troupes, sont venus à nous, tandis que la grande presse, sans distinction d'opinion, facilitait notre propagande. Ici, grâce à l'inlassable activité du colonel Matton, les colonies françaises de Russie, dont nous connaissions d'ailleurs la générosité et l'ardent amour du pays natal, se sont aussi groupées autour de nous et du dévoué Comité de Moscou. Et l'on ne saurait trop répéter combien le Gouvernement de la République et nos représentants diplomatiques en Russie ont puissamment soutenu nos efforts et nous ont aidés dans notre tâche.

C'est que le but que nous poursuivions — tous le savaient — était essentiellement et uniquement patriotique et que la pieuse cérémonie qui nous rassemble, enfin, aujourd'hui, était attendue depuis longtemps.

Vous savez, Messieurs, la raison d'être du *Souvenir français*. Là où dorment nos héros, là où s'est manifestée la vaillance française aux jours de deuil comme aux jours de gloire, nous rappelons le souvenir des disparus, nous honorons leurs tombes et nous exaltons leur sacrifice.

Fondé il y a vingt-cinq ans par un Alsacien de grand cœur et de persuasive éloquence, M. Niessen, notre groupement a d'abord dressé des monuments sur les plateaux de Lorraine, vers les vallées d'Alsace et dans toutes les régions témoins de nos luttes récentes. Ce premier grand devoir accompli, peu à peu notre action s'est étendue. Aux colonies lointaines d'Afrique et d'Asie, à Madagascar et au Maroc, nous avons envoyé des croix, des couronnes et des stèles, et les mères de France, — celles qui pleurent leurs fils tués à l'ennemi, — savent que les tombes de nos valeureux petits soldats — si dignes de leurs grands aînés d'autrefois — seront désormais honorées... Puis, nous avons aussi songé à ceux, plus nombreux encore, qui dorment leur dernier sommeil en terre étrangère, là où depuis cent vingt ans se sont promenés nos drapeaux et nos étendards. Un peu partout, au Caire, à Gallipoli, à Sébastopol, en Grèce, en Italie, en Suisse, en Belgique, aux bords du Rhin, nous avons élevé ou restauré des monuments. Nous en avons à Ulm, à Danzig, à Leipzig, à Iéna. Bientôt nous en aurons à Wagram et aussi, j'espère, à Wilna, à Smolensk et à la Bérésina. Au nom du *Souvenir français*, j'ai le grand honneur de saluer aujourd'hui le monument de la Moskowa !

La Moskowa ! Nom célèbre, l'un des plus célèbres sans doute de cette extraordinaire épopée qui va de 1792 à 1815. Nom rendu glorieux par la vaillance de ces incomparables soldats formés et conduits par le plus grand des capitaines et des entraîneurs de peuples, celui qui, pour les étrangers comme pour nous, reste le dieu des batailles, celui dont l'impérieuse et colossale figure domine son époque et son siècle et n'a fait que grandir avec le temps : Napoléon ! Nom glorieux aussi parce que, dans cette grande rencontre — qui nous laissait maîtres du terrain et nous ouvrait la route de Moscou, — la lutte avait été plus ardente et la victoire plus disputée que partout ailleurs en raison de l'indomptable ténacité de nos adversaires. « Jamais on n'avait vu pareil champ de bataille », écrivait l'Empereur, de Mojaisk, dans son 18e Bulletin de la Grande Armée.

Ce que fut, des deux côtés, l'étendue des sacrifices, le récit que vous venez d'entendre vient de le rappeler. Et c'est avec une très légitime fierté que le Gouvernement impérial russe a tenu à commémorer superbement ces luttes formidables où vinrent se choquer en 1812 les peuples d'Occident et le monde slave.

En nous conviant, cent ans après la bataille du 7 septembre, à assister au solennel et religieux hommage rendu à l'héroïsme des troupes russes, S. M. l'Empereur Nicolas a tenu à marquer le véritable caractère de cette évocation. L'accueil si hautement sympathique qu'il a voulu réserver depuis quelques jours aux délégations françaises — accueil dont je ne suis pas surpris, moi que des traditions familiales et d'heureuses impressions de jeunesse rattachent si sincèrement à ce grand pays, — et aussi l'auguste visite qui nous est annoncée, en sont une preuve éclatante et particulièrement précieuse. Dans ces vastes plaines dont l'aspect n'a qu'insensiblement varié depuis que ses sillons ont été arrosés de tant de sang généreux, les descendants des nobles adversaires de jadis s'unissent donc aujourd'hui dans une pensée de piété commune pour exalter la mémoire de ceux qui sont morts pour leur patrie et pour la gloire du Drapeau !

Messieurs, notre monument français, dont vous voyez dès maintenant la fidèle image, bien que moins important que certains de ceux qui l'entourent, aura du moins belle allure. Nous avions voulu — et nous voulons toujours — qu'il vienne tout entier de France, granit et bronze, avec une croix latine symbole d'immortalité, avec un grand aigle doré aux ailes éployées, se détachant au loin sur le ciel. Pas de noms ; une simple inscription : « Aux morts de la Grande Armée », ornera ce mémorial consacré aux soldats comme aux chefs. A même valeur, admiration semblable, qu'il s'agisse de ceux dont les noms font notre orgueil ou de ceux dont la trace a été perdue.

Ceux-ci, Rostand les a douloureusement évoqués par la bouche de l'*Aiglon* :

> O noms, noms inconnus,
> O pauvres noms obscurs des ouvriers de gloire...

Ouvriers de gloire! Certes ils l'ont été tous ces acteurs de la tragique rencontre! Et si parfois, la nuit, se croyant appelées par un roulement de tambour lointain ou par une stridente sonnerie de trompette, les ombres de ces immortels grognards qu'a fait revivre pour nous le génie de Raffet, de Meissonier et de Detaille, viennent errer dans ces champs et ces bois où s'élevaient les redoutes de 1812, qu'elles s'arrêtent, ces ombres, au pied de notre monument! Qu'elles y contemplent toutes ces fleurs, et tous ces lauriers venus de France, faible hommage de notre reconnaissance et de notre fierté!

Oui, salut et honneur une fois de plus à ceux qui, sous les ordres du grand Empereur et sous les Aigles françaises, ont ajouté ici un nouveau fleuron à la couronne de gloire de la Grande Armée!

Salut à vous, généraux tombés dans la mêlée, Montbrun, Caulaincourt, Compère, Tharreau, Marion, Marchand, Lanabère, Damas, Lepel, Plauzonne, Romeuf!

Salut et honneur à vous, intrépides divisionnaires du 1er corps : Compans, Rapp, Friant, Dessaix, tous blessés comme votre illustre chef le duc d'Auerstaedt, prince d'Eckmühl; à vous, Italiens du valeureux prince Eugène, vice-roi d'Italie, brillants Polonais de Poniatowski, cuirassiers français et allemands de Nansouty, de Latour-Maubourg et de Thielmann; à vous, artilleurs de Laribois ière et de Sorbier; à vous, cavaliers épiques qui, dans des charges folles, suiviez le panache éclatant du superbe roi de Naples; à vous, légendaires divisions de Montbrun, de Caulaincourt et de Wathier, qui preniez des redoutes au galop; à vous, braves du 3e corps que guidait le brave des braves, celui qu'on appelait alors le duc d'Elchingen et qui devait, bientôt, comme suprême consécration de son héroïque valeur, porter un nom plus retentissant encore, le nom de cette journée de géants!

Honneur à vous tous, morts, blessés, combattants de la Moskowa! A vous tous dont on peut dire, — et cela suffit, comme le prévoyait la fameuse proclamation de l'Empereur du 6 septembre — : « Il était à la grande bataille sous les murs de Moscou! »

A ces héros connus ou inconnus s'appliquent les vers du génial chantre de l'épopée :

> Ainsi, quand de tels morts sont couchés dans la tombe,
> En vain l'oubli, nuit sombre où va tout ce qui tombe,
> Passe sur leur sépulcre où nous nous inclinons;
> Chaque jour, pour eux seuls se levant plus fidèle,
>   La gloire, aube toujours nouvelle,
> Fait luire leur mémoire et redore leurs noms.
>
>   Gloire à notre France éternelle!
>   Gloire à ceux qui sont morts pour elle!
>   Aux martyrs, aux vaillants, aux forts!
>   A ceux qu'enflamme leur exemple,
>   Qui veulent place dans le temple,
>   Et qui mourront comme ils sont morts!

Messieurs, ce que disait en 1832 le grand poète dans ces strophes magnifiques n'est pas entièrement vrai. Non, l'oubli n'est pas passé, l'oubli ne passera jamais sur nos morts glorieux! La France éternelle se souvient! Et, les jours anniversaires de cette bataille, nous enverrons encore des lauriers et des fleurs de France pour orner ce monument qui sera d'impérissable granit, et que nous confierons à la garde de la grande et noble nation amie et alliée, sûrs que nous sommes qu'il sera bien gardé!

LIBRAIRIE MILITAIRE BERGER-LEVRAULT
PARIS, 5-7, RUE DES BEAUX-ARTS. — RUE DES GLACIS, 18, NANCY

Du même Auteur :

Soldats Académiciens, 1684-1911. Brochure grand in-8. **1 fr. 50**

Héros de la Bérézina, par le capitaine M. SAUTAI. 1912. Brochure grand in-8. **75 c.**

Deux Études sur la Campagne de 1812, par le capitaine breveté ULLMO. 1912. Brochure grand in-8, avec 3 croquis. . . . . **2 fr.**

Lettres, ordres et décrets de Napoléon 1ᵉʳ en 1812-13-14, *non insérés dans la Correspondance*, recueillis et publiés par M. le vicomte DE GROUCHY. Publication de « La Sabretache ». 1897. Un volume grand in-8, broché . . . . **2 fr.**

La Manœuvre de Lützen (1813), par le colonel LANREZAC, professeur à l'École supérieure de guerre. 1904. Un volume grand in-8, avec 18 croquis, broché. . . . **10 fr.**

Bautzen, par le lieutenant-colonel P. FOUCART.
— I. *Une Bataille de deux jours, 20-21 mai 1813*. 1897. Un volume in-8 de 349 pages, avec 4 croquis, broché. . . . . **5 fr.**
— II. *La Poursuite jusqu'à l'armistice, 22 mai-4 juin 1813*. 1901. Un volume in-8 de 379 pages, avec 1 croquis grand in-folio, broché. . . . . **5 fr.**

Une Division de cavalerie légère en 1813. *Opérations sur les communications de l'armée. Combat d'Altenburg, 28 septembre 1813*, par le même. 1891. Un volume grand in-8, broché. . . . . **3 fr.**

Le Haut Commandement dans les principales armées européennes depuis les origines jusqu'à nos jours, par Gaston BODART. 1910. Un volume grand in-8, 207 pages, broché. . . . . **6 fr.**

Les Capitulations. *Étude d'histoire militaire sur la responsabilité du commandement*, par le général Ch. THOUMAS. (Ouvrage couronné par l'Académie Française.) 1886. Un volume in-12 de 511 pages, broché. . . . . **5 fr.**

Les Grands Cavaliers du premier Empire. Notices biographiques, par le général Ch. THOUMAS.
— 1ʳᵉ série : *Lasalle, Kellermann, Montbrun, les trois Colbert, Murat*. 1890. Un volume grand in-8 de 521 pages, avec 4 portraits, broché. . . . . **7 fr. 50**
— 2ᵉ série : *Nansouty, Pajol, Milhaud, Curély, Fournier-Sarlovèze, Chamorin, Sainte-Croix, Exelmans, Marulaz, Franceschi-Delonne*. 1892. Un volume grand in-8 de 537 pages, avec 8 portraits, broché . . . . **7 fr. 50**
— 3ᵉ série : *Grouchy, Vagnair de Marisy (van Marisy), Lefebvre-Desnoëttes, Bessières, Sébastiani, d'Hautpoul, Caulaincourt, Latour-Maubourg, Espagne*. 1910. Un volume grand in-8 de 357 pages, avec 8 portraits, broché . . . . **6 fr.**

Grands Artilleurs. *Le Maréchal Valée (1773-1816)*, par Maurice GIROD DE L'AIN, chef d'escadron d'artillerie en retraite. 1911. Un volume grand in-8 de 500 pages, avec 1 portrait en héliogravure, 2 reproductions de tableaux, 1 plan et 2 cartes en couleurs, broché . . . . **12 fr.**

Souvenirs et Campagnes d'un vieux soldat de l'Empire (1803-1814), par le commandant PARQUIN. Avec une introduction par le capitaine A. AUBIER. Nouvelle édition. 1903. Un volume in-8 de 474 pages, avec portrait, broché. . . . . . . **6 fr.**

Lettres du Maréchal Bosquet (1830-1858). 1894. Un volume in-8 de 408 pages, avec portrait en héliogravure, broché. . . . . **5 fr.**

Souvenirs de la guerre de Crimée (1854-1856), par le général FAY. (Couronné par l'Académie Française.) 2ᵉ édition. 1889. Un volume in-8, avec 1 planche et 3 cartes, broché . . . . **6 fr.**

Le Général Bourbaki, par le commandant GRANDIN, lauréat de l'Institut de France et de la Société d'encouragement au bien. 1898. Un volume in-8, avec portrait et fac-similé d'une lettre autographe de Bourbaki à l'auteur, broché. . . . . . . **5 fr.**

Crimée-Italie-Mexique — **Lettres de campagnes (1854-1867)**, par le général VANSON. *Précédées d'une notice biographique*. 1905. Un volume in-8 de 367 pages, avec un portrait et deux esquisses militaires en couleurs, broché . . . . . . **6 fr.**

www.ingramcontent.com/pod-product-compliance
Lightning Source LLC
Chambersburg PA
CBHW061005050426
42453CB00009B/1263